楽しい調べ学習シリーズ

よくわかる
海上保安庁

しくみは？ どんな仕事をしているの？

[監修] 公益財団法人 海上保安協会

PHP

よくわかる海上保安庁 もくじ

この本の使い方............4

第1章 海上保安庁の基本

- 危険がいっぱい！　海に囲まれた日本列島..................6
- 日本に安全な海を取りもどす！　海上保安庁はなぜできた？..............8
- 進化する巡視船　海上保安庁の巡視船の歴史..................10
- 11の管区が分担して日本の海を守る！　海上保安庁の組織..................12
- 海上保安庁の役割①　日本の海を守る！..................14
- 海上保安庁の役割②　人の命を救う！..................15
- 海上保安庁の役割③　災害にそなえる！..................16
- 海上保安庁の役割④　海の交通安全を守る！..................17
- 海上保安庁の役割⑤　青い海を守る！..................18
- 海上保安庁の役割⑥　海を調べる！..................19
- コラム　おいしい！　船の上で食べる「船飯」..................20

第2章 海上保安官の仕事

- 海の警察官！　海上保安官の仕事場..................22
- 海上保安官の仕事①　特別警備隊..................24
- 海上保安官の仕事②　潜水士..................26

海上保安官の仕事③　特殊救難隊 …………………………………… 28
特殊救難隊の1日 ……………………………………………………… 30
海上保安官の仕事④　機動救難士 …………………………………… 32
海上保安官の仕事⑤　機動防除隊 …………………………………… 34
海上保安官の仕事⑥　運用管制官 …………………………………… 36
日ごろの訓練の成果を見せる！　海上保安庁観閲式＆総合訓練 …… 38
総合訓練 ………………………………………………………………… 40
さまざまなスタイルで海の安全を守る！　海上保安官の服装と装備 …… 42
目指せ未来の海上保安官！　なりたい！　海上保安官 …………… 44
コラム　海上保安庁音楽隊 …………………………………………… 46

第3章　海上保安庁の乗り物大集合

世界最大級！　巡視船「しきしま」 ………………………………… 48
大きなものから小さなものまで　巡視船艇大集合！ ……………… 50
目的・用途はさまざま　消防船・そのほかの船大集合！ ………… 54
空から海の安全を守る　ヘリコプター大集合！ …………………… 56
海の事件・事故に空からスピード対応　飛行機大集合！ ………… 58
コラム　海上保安資料館に行ってみよう！ ………………………… 60

おわりに…………61
さくいん…………62

この本の使い方

第1章
海上保安庁の基本

海の安全を守ることが海上保安庁に求められていますが、それだけではありません。それ以外にもさまざまな役割があります。第1章では、海上保安庁の役割や歴史など、海上保安庁の基本的なことについて学びます。

第2章
海上保安官の仕事

海上保安庁で働く人を海上保安官といいます。第2章では、特別警備隊、潜水士、特殊救難隊など、海上保安官のさまざまな仕事についてくわしくしょうかいします。

第3章
海上保安庁の乗り物大集合

大迫力の巡視船をはじめ、消防船、測量船、ヘリコプターや飛行機など、海上保安庁には乗り物がたくさんあります。第3章では、海上保安庁にあるさまざまな乗り物について紹介します。

こうやって調べよう

● もくじを使おう ⇒⇒ 知りたいことや興味があることを、もくじからさがしてみましょう。

● さくいんを使おう ⇒⇒ 知りたいことや調べたいことがあるときは、さくいんを見れば、それが何ページにのっているかがわかります。

第1章 海上保安庁の基本

危険がいっぱい！
海に囲まれた日本列島

　ユーラシア大陸の東に位置する東アジアとよばれているところに日本はあります。まわりは、西側が日本海、東シナ海、東側が太平洋、北側がオホーツク海に面していて広大な海が広がっています。

　日本列島は北海道、本州、四国、九州の4つの大きな島が中心ですが、それ以外に中小の島々が約7000島も点在しています。国連海洋法条約では、領海を12海里（約22km）まで、排他的経済水域を200海里（約370km）までと定めています。日本の国土面積は約38万km²（世界第61位）ですが、領海と排他的経済水域を合わせた面積は、国土面積の約12倍の447万km²（世界第6位）になります。

　この広大な海域はさまざまな問題をかかえています。隣国との領土問題、不法な密輸・密航と外国漁船による違法操業などです。また、船舶の衝突や故障、火災などの海難事故も多発しています。

領土問題

中国との間では尖閣諸島、韓国との間では竹島、ロシアとの間では北方四島と、それぞれの国との間で領土問題があります。尖閣諸島は領有権の問題は存在しませんが、中国や台湾が一方的に領有権を主張しています。

密輸・密航

薬物や銃などを海上から日本国内に持ちこむ密輸や、貨物船などにまぎれこみ、正規の入国手続きをしないで日本国内に入ろうとする密航が後を絶ちません。

外国漁船の違法操業

他国の漁船が日本の領海内で違法に漁をする密漁も大きな問題です。

海難事故

嵐などの悪天候によって船体が座礁したり、燃料が流出して火災が発生したり、人為的なミスで船同士が衝突するなど、海上ではさまざま事故が起こりえます。

第1章 海上保安庁の基本

竹島
島根県の沖合約200kmにある女島と男島の2つの島と周辺にある数十の小島からなる群島。江戸時代初期に、日本の領有権が確立した日本固有の領土ですが、1952（昭和27）年以降、韓国が一方的に島を不法占拠していて、日本と韓国との間で問題のひとつとなっています。

北方領土
北海道の東沖合にある択捉島、国後島、色丹島および歯舞群島の四島。1855（安政元）年にロシアとの間で結ばれた日魯通好条約によって日本の領土であることが確認された日本固有の領土。第二次世界大戦終戦直後にソ連が不法占拠し、住んでいた日本人を強制的に退去させ、現在までソ連、ロシアによる不法占拠が続いています。

領海
その国の主権がおよぶ水域のことで、12海里（約22km）と決まっています。この範囲の海には、沿岸国の法令が適用されるのが原則です。

尖閣諸島
石垣島の北170kmにある魚釣島、北小島、南小島、久場島、大正島からなる諸島。1895年に日本政府が国際法上正当な手段で日本の領土に編入しました。国連による調査の結果、東シナ海に石油埋蔵の可能性が指摘された後の1971年になって、中国・台湾は初めて領有権を主張。最近では中国公船や漁船の領海侵入がたびたび起こっています。

接続水域
領海に接続する公海で、沿岸国が国内法に基づく権限を行使できる範囲の海。24海里（約44km）とされています。

排他的経済水域
領海の外にあって、沿岸から200海里（約370km）までの水域のこと。この水域にある漁業資源や鉱物資源については、沿岸国の探査や管理などの権利が認められています。

凡例
- 領海（内水※をふくむ）
- 領土
- 接続水域
- 排他的経済水域（同水域には接続水域もふくまれる）

※内水：領海をはかる基線の陸側にある海域のこと。

日本に安全な海を取りもどす！
海上保安庁はなぜできた？

　第二次世界大戦終戦直後の日本の周辺の海には、機雷が多く残され、しずんだ船とともに水路や港湾をふさいでいました。沿岸の灯台は破壊され、密輸・密航がさかんに行われ、まさに「暗黒の海」でした。
　日本を統治していた連合国軍は、荒れ果ててしまった日本の海を、安全で安心な海にするために、アメリカ・コーストガード（沿岸警備隊）のミールス大佐をまねきました。彼のすすめに基づいて、「海上保安庁法」が成立し、1948（昭和23）年5月1日、警察、税関、海運局、灯台局、水路部などが別々に行っていた海の安全と治安業務を一元的に行う機関として、海上保安庁が発足したのです。

海上保安庁誕生

昭和20年代〜

1948（昭和23）年5月12日に行われた開庁式。大久保武雄初代長官によって、海上保安庁の旗があげられています。この日を「海上保安の日」と定めています。

海にうかぶ機雷。機雷は水中などに設置される爆弾のことです。船が近づいたり、ふれたりすると、爆発して船をしずめてしまいます。海上保安庁発足後の機雷の除去作業は、まさに命がけでした。

第1章 海上保安庁の基本

海上交通の激化

昭和50年代に入ると、日本の経済は右肩上がりとなり、自動車の輸出に用いる自動車専用運搬船や石油の輸入に用いられる大型タンカーなどで、海上の交通がさかんになります。それにともない、海上での事故も問題になってきました。1974（昭和49）年、東京湾でタンカーと貨物船が衝突し、タンカーが20日間炎上し続ける事故が起こりました。この事故が契機となって特殊救難隊が設立されました。

昭和50年代〜

タンカーの消火活動にあたる消防船。

多様化する海の問題

時代は昭和から平成となり、日本の海を取り巻く環境も大きく変わってきました。海難救助や地震、津波など自然災害が発生したときの救助活動に加え、近年では領海、排他的経済水域、大陸棚などについての国際的な海の制度ができたことによって、各国が水域や権利を主張し、外国の船が領有権を主張するために日本の領海に入ってくるなどの問題が起こっています。また、海洋調査を行って、日本の権益を得ることも重要になっています。

平成〜

尖閣諸島周辺の海域で、領有権を主張する中国・台湾の活動家が乗る船に対して、進路規制を行う海上保安庁の巡視船。

終戦直後の日本の海は「暗黒の海」

「暗黒の海」とよばれた第二次世界大戦終戦直後の日本周辺の海には、日米の海軍がしかけた6万1000個以上の機雷が残されていました。機雷の爆発により、舞鶴沖で500人以上、瀬戸内海では300人以上が死亡する沈没事故が相次いで発生するなど、機雷が復興のさまたげとなっていました。

進化する巡視船
海上保安庁の巡視船の歴史

海上で発生した事件、事故や外国との条約などによって、つくられる巡視船が大きく変わりました。巡視船の歴史は、海上保安庁の歴史でもあります。巡視船の歴史は、大きく3つの時代に分けられます。

旧海軍の船をもとに活動

1948（昭和23）年5月1日に海上保安庁は発足し、不法入国船舶監視本部の巡視船、港内艇（巡視艇）、機雷除去をする航路啓開業務用船、海洋測量を行う水路業務船、灯台の修理などをする灯台業務船、雑船の合計280隻が配備されました。これらは旧海軍時代の船で、そのうち巡視船「栗橋」（728トン、速力12ノット〈時速約12km〉）は、救難船、曳こう船として活やくし、1951（昭和26）年からは海上保安庁の練習船となりました。

1948年～1972年ごろ

パトロールを行う海上保安庁の船艇。発足当初の船艇は小型の老朽船が中心でしたが、密航者や密輸船を検挙するなど多くの成果を上げました。

巡視船とパトロールに出発するために集まった乗組員。パトロールは多くの危険がつきまとう命がけの任務でした。

第1章 海上保安庁の基本

領海が12海里に、排他的経済水域が200海里に拡大

1973年〜1985年ごろ

国連海洋法条約を先取りする形で、1977（昭和52）年に海洋二法が成立し、日本は領海12海里、排他的経済水域200海里の「新海洋法秩序の時代」に突入しました。これに対応するため、1000トン型巡視船「しれとこ」型を28隻つくって全国に配置しました。同時に、各管区の沖合での仕事に対応できるようヘリコプター1機搭載型巡視船（3200トン）をつくりました。

28隻つくられた「しれとこ」型巡視船の「すずか」。荒れた海上での警備救難任務に対応できる能力がありました。

広い海域の捜索・救助に重要な役割をもつ

1986年〜現在

日本は、捜索や救助に関する国際条約（SAR条約）への加盟や、米国との協定で、1200海里におよぶ広大な海域を担当することになりました。そのため、ヘリコプター2機搭載型巡視船（5200トン）をつくり、また1992（平成4）年のプルトニウム輸送護衛のため、6500トンの大型巡視船もつくりました。さらに1999（平成11）年の能登半島沖不審船事件の教訓から、高速特殊警備船などをつくるとともに、尖閣諸島周辺での中国公船の領海侵入を監視・警戒するために、石垣海上保安部に領海警備部隊をつくっています。

1999（平成11）年3月の能登半島沖不審船事件では、2隻の不審船を巡視船艇などで追跡しましたが、つかまえることができませんでした。これを教訓に海上保安庁では不審船対策の強化に乗り出しました。

もしも海難事故を見かけたら… まよわず 118番！

あまり知られていませんが、警察の110番や消防の119番と同じように、海難事故にも緊急通報用電話番号があります。それが「118番」。もしも、海難事故や人がおぼれているのを発見したら、まよわず「118番」に通報しましょう。

11の管区が分担して日本の海を守る！
海上保安庁の組織

　海上保安庁は「海上の安全および治安の確保を図ること」を任務としています。日本周辺の広大な海域を11ブロックに分け、各ブロックに管区本部、海上保安部署を置いて、海難救助、海洋環境の保全、自然災害への対応、海洋調査、海洋情報の収集と管理、海上交通の安全確保などの業務を行っています。

第五管区
貨物船やタンカーなどの大型船が1日400隻以上通航する明石海峡では、いかなご漁などの漁業もさかんなため、海上交通の安全確保は重要な任務です。

第八管区
全国の約3分の1の原子力関連施設が集中しているため、臨海重要施設に対するテロ警戒や密輸・密航の取り締まりなどが重要な任務です。

第九管区
ロシアや韓国と日本を結ぶ貨物船や大型フェリーといった外国の船が入港し、多くの貨物や人が出入りするため、密輸や密航の取り締まりが重要な任務です。

第七管区
韓国と約50kmしかはなれていない対馬は、国境警備の最前線です。不法入国の防止や、違法操業する外国漁船への立入検査や取り締まりなどが行われています。

第十管区
南九州周辺から東シナ海におよぶ南北約700km、東西約1000kmの広大な海域には大小900をこえる島々があり、漁業やマリンレジャーがさかんです。

第六管区
瀬戸内海は、海岸線が複雑に入り組み、多数の島が存在し、潮の干満差も大きいことなどから、航行に注意が必要な海域が多くあります。

海上保安庁の勢力
（平成30年度）
定員：1万3994人
予算：2112億円
装備
巡視船：131隻
巡視艇：238隻
飛行機：26機
ヘリコプター：48機

第1章　海上保安庁の基本

第一管区

冬のオホーツク海は流氷がおしよせ、雪や風により船や灯台も凍りついてしまうほどの寒さです。きびしい環境下では、早急な海難救助が求められます。

第二管区

東北地方沖の北太平洋上は、黒潮と親潮がぶつかり合う潮目とよばれる好漁場です。さらに東アジアと北米を結ぶ航路となっているため、多くの船舶が行きかいます。

第四管区

伊勢湾と三河湾は、中部経済圏を支える海上の大動脈です。また好漁場であり、マリンレジャーもさかんで、大小さまざまな船舶が行きかいます。

第三管区

東京湾は、東京港、横浜港など日本有数の港をかかえ、貨物船やタンカーなどが、1日あたり約600隻も航行する世界有数の海上交通過密海域です。

第十一管区

尖閣諸島から約170km、尖閣領海警備の拠点となっている石垣海上保安部には、大型巡視船が13隻配備され、領海警備の任務にあたっています。

13

海上保安庁の役割①
日本の海を守る！

　資源の少ない日本の経済は、原材料を輸入し、加工して製品をつくって輸出する加工貿易で成り立っています。その輸出入に最も貢献しているのは船舶による海上輸送です。

　また、海は物の輸送だけでなく漁業活動やマリンレジャーの場としても利用されています。

　しかし、一方で、海は犯罪が行われる場でもあります。外国漁船による違法操業、密漁、密輸・密航、テロ、不審船、工作船……。さまざまな海の犯罪に対して取り締まりが必要です。海上保安庁は、安全で安心な日本の海の実現を目指しています。

不審船・工作船を取り締まる！
開庁以来、日本近海で21隻の不審船が確認されています。2001（平成13）年、九州南西海域工作船事件では、工作船が停船命令にしたがわず、突然発砲してきました。巡視船「あまみ」は応戦しましたが、工作船は自爆・自沈しました。（→p.60）

押収された覚せい剤。

密輸・密航を取り締まる！
覚せい剤や銃などを沖合で受けとったり、コンテナ貨物にまぎれこませたり、クルーズ船の乗客を密輸の運び役にするなど、悪質なケースが増えています。これらを海上で食い止めます。

警備する巡視船「あまみ」に発見され、にげる工作船。

テロにそなえる！
海上からのテロ攻撃の標的になりやすい臨海部の原子力発電所、石油コンビナートなどの危険物施設を、巡視船艇や航空機が警戒監視します。2020年東京オリンピック・パラリンピックではテロを未然に防ぐことが大切な仕事です。

原子力発電所をねらった海上からのテロにそなえて訓練するようす。

第1章　海上保安庁の基本

海上保安庁の役割②
人の命を救う！

　四方を海に囲まれた日本では、海難事故が絶えません。海上保安庁では、事故が発生したときの救助活動訓練や事故を未然に防ぐための研修会を開いています。万が一、海難事故が発生したときには早急な対応が必要です。海上保安庁が「海の消防」とよばれているのは、海難救助のプロフェッショナルがそろっているからです。そして事故が起こったときに、彼ら海難救助のプロフェッショナルができるだけ早く現場へかけつけられるよう、航空機、ヘリコプター搭載型巡視船、ヘリコプター甲板付の巡視船や巡視艇が全国に配備されています。

海難事故にそなえる！
各管区の潜水指定船に「潜水士（→p.26）」、全国9か所の航空基地に「機動救難士（→p.32）」、全国どこへでも飛べる航空機をもつ羽田航空基地に「特殊救難隊（→p.28）」が、24時間体制で、海難事故にそなえています。

海上火災から人の命を守る！
海上での船舶火災における人命救助は非常に困難です。最優先されるのは人命救助で、次に火災を起こしている場所と積み荷の種類を知ることです。多量の放水は火災船の沈没をまねきかねないので、よく考えて消火剤を選びます。

2006（平成18）年7月15日、三重県熊野市沖の海上で、タンカー同士が衝突、燃料が流出し火災が発生する事故が起こりました。海上保安庁の巡視船が消火活動にかけつけました。

海難救助では、特殊救難隊員、機動救難士、潜水士などが要救助者（→p.26）を救います。

他組織との連けい※
重大な事故や災害が外国で発生したときは、海上保安庁は単独ではなく、国際緊急援助隊の一員として活動します。そのため、消防隊、医師団との連けい訓練をひんぱんに行っています。国内の災害では、都道府県の各関係機関との机上訓練、実働訓練などで、情報伝達方法や役割分担などを決めて、海上保安庁が得意とする救援活動も行っています。

2015（平成27）年のネパール地震発生後、救助活動を行う国際緊急援助隊。

※連けい：連絡をとり合ってものごとを行うこと。

15

海上保安庁の役割③
災害にそなえる！

　海上での災害には、船舶の火災、衝突、沈没などの「事故災害」と、地震、津波、台風、火山噴火などにより被害が生じる「自然災害」があります。海上保安庁では、このような災害にそなえて、素早く的確な対応ができるように、訓練や資材、機材の整備を行って、万一にそなえています。

　震災時には、行方不明者の捜索、住民避難、緊急救援物資の搬送、海からの医療団支援などの緊急支援とともに、食料や水などの必要物資の搬送も行います。1995（平成7）年の阪神淡路大震災後に、太平洋側、日本海側に配備した災害対応型巡視船の「いず」は、東日本大震災時でも大活やくしました。

レスキュー部隊の救助活動には、瞬発力、持久力を維持するための訓練が欠かせません。空気ボンベを背負い、負荷をかけて垂直のかべをのぼります。

東日本大震災（2011〈平成23〉年3月11日）では、緊急出動した鳥羽海上保安部の巡視船「いすず」の潜水士が、石巻で園児ら62人を救出しました。

東日本大震災の後、巡視船「くりこま」の潜水士は、三陸地方沿岸で行方不明者の捜索と海底調査を毎日のように行いました。

16

第1章 海上保安庁の基本

海上保安庁の役割④
海の交通安全を守る！

日本の周辺海域では、毎年2000隻以上の船舶事故が発生しています。とくに多くの船舶が行きかう東京湾、伊良湖水道（伊勢湾沖）、大阪湾、瀬戸内海、関門海峡は「ふくそう海域」（→p.36）とよばれます。

ふくそう海域には、海上交通センターが設置されています。船舶事故で最も多い原因は、見張りが不十分だったなど、人間のミスによるものです。海上交通センターの職員は、せまくて流れが速い海峡での安全航行のために大型タンカー、コンテナ船、貨物船などに情報を提供し、直接指示を出して安全を確保しています。また、灯台や航路標識で、船の位置を確認できるようにもしています。

外国船が多く行きかう国際海峡
日本で外国船の往来の多い海峡は、宗谷海峡、津軽海峡、対馬海峡東・西水道、大隅海峡です。日本ではこれらの海峡を「特定海域」に指定し、領海を3海里（約5.6km）にしています。外国船は海峡の中央部分を自由に通過できます。

日本を支えるエネルギーの多くは、外国から輸入しています。そのため、重要港湾には海上交通センターが設置され、警戒活動を行う巡視艇が配備されています。

GPSが発達して灯台の役割は減少していますが、中小の船舶にとって灯火は海の道しるべとして大いに役立っています。

海上保安庁の役割⑤
青い海を守る！

　海洋汚染の主な原因は、船から流出する油や廃棄物、廃船の不法投棄です。海上保安庁は「青い海を守る」ための対策として、海上環境関係法律の違反を取り締まったり、海水や海底堆積物を採取して成分を調査したりしています。また、関係省庁や地方自治体と連けいして、全国で「海の再生プロジェクト」に取り組み、生活排水が大量に流れこむ東京湾、伊勢湾、大阪湾、広島湾を対象に、官民共同で、海域の環境改善対策や環境モニタリングなどを行っています。その調査は、水質、潮流などの観測が中心で、改善が必要なときは、関係機関に報告しています。

　さらに海上保安庁は、ボランティア団体や地方公共団体とも連けいして「未来に残そう青い海」のスローガンをかかげて、教育も行っています。

港湾の汚染の原因のひとつに工場排水があります。臨海部ではサンプリング調査を実施してきれいな海を守っています。

子どもたちに、環境問題をテーマにした紙芝居を披ろうして、海の環境を守ることの大切さをうったえます。

漂着ゴミの調査を行う海上保安官。

第1章 海上保安庁の基本

海上保安庁の役割⑥
海を調べる！

　日本は、世界第6位の広さの海域をもつ海洋国家です。海上保安庁では、水深や海底地形を測り、3D化された海底地図や海底映像、海洋資源などの情報をいち早く提供して、未来への開発につなげる仕事もしています。

　また、大型測量船を使って海の地形を調べています。調査で得た基礎データは、同じく海洋資源などの開発に生かされます。

沖ノ鳥島は、日本の最南端の島。観測所をもうけて海域調査を行い、日本の海の権利と利益を守っています。

「昭洋」は日本最大級の測量船です。海洋測量、地震予知測量、潮流観測を行います。また、無人探査機「ごんどう」を使って、海底地質調査を行っています。

海底測量とともに、海底地質調査のため採泥器を使って海底の泥を採取します。泥を分析することで、海洋資源の分布がわかります。

おいしい！船の上で食べる「船飯」

巡視船内での食事のことを「船飯」とよんでいます。巡視船「そうや」で、1週間の献立を主計長に聞きました。長い航海の場合、同じ献立はなく工夫されています。また、船員が同じ料理を食べるため、好ききらいがあることも考慮して五品異なる味で提供しているそうです。

巡視船は24時間勤務です。食事時間は、朝食が6時45分〜、昼食は11時半〜、夕食は午後5時半〜。陸上とくらべて運動量が極端に少ないので、消化のよい献立が中心です。また、厨房には、夜食用におにぎり、肉まん、ドーナツなど毎日一品を用意しています。海上自衛隊は「金曜カレー」が有名ですが、海上保安庁は「母港への入港日」にカレーを食べるそうです。

献立の一例。大皿にはホッケの開き、ほうれん草の和え物、卵焼き、ふきの煮物、辛子明太子、チキンナゲット、小皿には手羽元とトマト、サラダ、奥のわんにはメンマチャーシューラーメン。

第2章 海上保安官の仕事

海の警察官! 海上保安官の仕事場

　約1万4000人いる海上保安庁の職員の約9割が海上保安官です。海上保安官は犯罪者を逮捕する逮捕権、事件を捜査する捜査権をもつ、いわば「海の警察官」です。

　海上保安官のうち、約半数が巡視船などの船の上で働いています。ヘリコプターを搭載する大型の巡視船には、航海科、機関科、通信科、主計科、運用司令科、航空科といった専門部署があり、船長が各部署を指揮監督します。乗組員の海上保安官は、それぞれの専門的な能力を生かし、各部署で協力し合いながら巡視船を動かしています。ここでは、巡視船「そうや」を例に、各部署の代表的な仕事場をしょうかいします。

航海科の仕事場 船橋
船橋には、船の舵を動かす操舵装置やレーダーなどがあり、自動車の運転席にあたります。ここで操船や見張りなど、巡視船の運航を担当するのが航海科です。

通信科の仕事場 通信室
通信科は、ほかの船や陸上との通信を担当しています。仕事場の通信室には通信機器などが設置されており、その整備も行います。

主計科の仕事場 調理室
主計科は、スチーム釜などの大型調理機器を使って、乗組員の食事をつくっています。また経費の管理などの事務処理も任務のひとつです。

第2章 海上保安官の仕事

陸上でも活やくする海上保安官

海上保安官の仕事場は海の上だけではありません。海上勤務以外の保安官の約半数が東京・霞が関にある海上保安庁や各管区海上保安本部、各海上保安部署などの陸上で働いています。また、外国の日本大使館などの在外公館に勤務したり、南極地域観測隊の一員として南極周辺の海底地形調査などを行ったりする海上保安官もいます。さまざまな場所で任務につく海上保安官には、幅広い知識や技能だけではなく専門的な能力も求められます。

※OIC…Operation Information Centerの略です。

運用司令科の仕事場 OIC※区画
ここで働く運用司令科は、情報の収集や分析、対処方針の立案・調整を担当しています。

航空科の仕事場 ヘリコプター甲板
航空科は、ヘリコプターの操縦や整備を担当しています。このヘリコプター甲板を使ってヘリコプターが離着船を行います。

機関科の仕事場 機関室
機関室には巡視船の心臓部であるエンジンがあります。ここでエンジンの運転や整備、燃料の管理などを担当するのが機関科です。

23

海上保安官の仕事① 特別警備隊

　海の上で、テロ行為や凶悪犯罪などの事件が起こらないように海上の治安を守り、万が一、事件が起こってしまった際に対応するのが特別警備隊です。

　「海の機動隊」ともいわれる特別警備隊は、全国の各管区に配置された「警備実施等強化巡視船」の乗組員で構成され、海上での警備に必要とされる知識や技能、装備をそなえています

停船命令等表示装置
「停船せよ」などのメッセージを日本語や英語などで表示できる電光表示板で、ライトメールともよばれます。

赤外線捜索監視装置
夜間でも、海の上を漂流する行方不明者の捜索や、あやしい動きをする船の監視などが行えます。

搭載艇
巡視船「すずか」には、搭載艇として複合型ゴムボートが3隻搭載されています。

ヘリコプター甲板
広い海を監視するためには、ヘリコプターとの連けいは欠かせません。海上保安庁最大のヘリコプターも着船できます。

第四管区の尾鷲海上保安部に配備されている警備実施等強化巡視船「すずか」。

第2章　海上保安官の仕事

す。特別警備隊では、武器の取り扱い訓練や、ゴムボートの操船訓練、犯人をつかまえるための制圧訓練、大盾をもった部隊行動訓練などを行っています。特別警備隊員は男性だけではなく、女性もいて、伊勢志摩サミットなどの警備任務で活やくしています。警備実施等強化巡視船は、警備任務以外にも、一般の巡視船と同じように、人命救助などの海上保安業務も行っています。

伊勢志摩サミットを前に行われた訓練。複合型ゴムボートからテロ容疑船に乗り移り、犯人をつかまえます。

船内に立てこもった犯人の確保方法を検討するようす。訓練は、さまざまな状況を想定して行われます。

遠隔放水銃
船橋の操舵室から遠隔操作が可能で、火災船の消火や警備任務で進路規制などに威力を発揮します。

暴れる犯人を取りおさえるようす。犯人の人数や、もっている武器などに合わせた技術があります。

特別警備隊員が乗りこみ、海の上のパトカーとして活やくする複合型ゴムボート。

特別警備隊員になるには？

特別警備隊員になるためには、海上保安学校、海上保安大学校を卒業し、警備実施等強化巡視船に配属され、先ぱいの特別警備隊員からきびしい訓練を受けなければなりません。特別警備隊員には、犯人などに負けない体力も必要ですが、デモ警備などで大声でののしられたり、どなられたときにも、しっかりとした態度で対応できるような忍耐力も必要です。

25

海上保安官の仕事②
潜水士

潜水士とは、海上でひっくり返った船（転覆船）や海中にしずんでしまった船（沈没船）などに取り残された人、船などから海に落ちてしまった人（海中転落者）など、助けを必要とする人（要救助者）を、潜水技術などを使って海中や海上から助け出す海難救助の専門家です。

また、一部潜水士には、ヘリコプターからホイストとよばれる巻き上げ装置で降下して、船舶や海上から要救助者をつり上げる救助任務もあります。このほか、海難事故や、海上犯罪の証拠をさがす海中での現場検証なども重要な任務のひとつです。

潜水士になるには？

空気の入ったボンベなどを使って海中にもぐり、捜索や救助を行うためには、高度な救助技術が必要です。潜水士になるためには、まず約2か月間におよぶきびしい潜水研修で必要な知識や技術を身につけます。研修修了後、潜水士国家試験に合格し、救難強化巡視船や潜水指定船とよばれる潜水用の資材、機材を搭載した22隻の巡視船艇に配属され、晴れて潜水士となります。海上保安庁には約120人の潜水士がおり、いつでも出動できるようにそなえています。

行方不明者捜索のため、海に飛びこむ巡視船「くりこま」の潜水士。海中では一人では行動せず、チームを組み二人以上で行動します。

第2章 海上保安官の仕事

船の沈没などを防ぐために使用されるアクアリフターとよばれる大きな浮袋をふくらませる準備をする潜水士。

転覆船や沈没船からの救助では、要救助者に全面マスクを装着して海中でも呼吸ができるようにします。

重さ約20kgのボンベを背負って潜水訓練を行う潜水士。

現場で働く人に インタビュー

清水海上保安部所属巡視船「おきつ」潜水士

「助けを求めている人を助けたい」「人の役に立ちたい」という思いで潜水士を目指しました。人を助けるために潜水士として日々きびしい訓練を乗りこえています。将来は、さらに高度な事故に対応できる特殊救難隊員となり、多くの人を助けられるように体力強化のほか、救急救命士の資格を取得すべく日々がんばっています。

海上保安官の仕事③
特殊救難隊

　特殊救難隊は「海難救助の最後の砦」ともよばれ、一般の海上保安官や潜水士では対応することがむずかしい、特殊海難に対応する海難救助のスペシャリストチームです。

　特殊海難とは、石油や化学薬品などを積んだ危険物搭載船の火災や、嵐の中、浅瀬に乗り上げた座礁船からの人命救助など、高度な知識や技術を必要とされる海難事故です。1974（昭和49）年に発生したLPGタンカーと貨物船の衝突事故での教訓をもとに、1975（昭和50）年に創設されました。それ以降、5000件をこえる海難事故などで出動し、2500人以上の命を救ってきました。

　特殊救難隊員は「苦しい　疲れた　もうやめ

座礁した外国漁船からの人命救助にあたる特殊救難隊員。打ち付ける波によって大きく揺れ動く船に乗り移ることは大変な危険をともないます。

第2章 海上保安官の仕事

た　では 人の命は救えない」をモットーとして人命救助にはげんでおり、発足以来、殉職者（救助作業中に死亡すること）を出していないことをほこりとしています。特殊救難隊は、1隊6人6隊の計36人体制で構成されており、羽田航空基地に隣接する羽田特殊救難基地で、24時間365日全国で起こる海難事故にそなえています。

真冬の凍えるような寒さの中、氷下潜水訓練を行う特殊救難隊員。きびしい環境では、体力だけではなく、強い精神力が求められます。

消火訓練を行う特殊救難隊員。炎上中の石油タンカーに取り残された要救助者の捜索などは、特殊救難隊員でなければ行えません。

ヘリコプターと連けいしてつり上げ救助を行う特殊救難隊員。飛行機、ヘリコプターを使用して全国各地の海難事故に対応します。

特殊救難隊員になるには？

特殊救難隊員になるためには、潜水士として巡視船艇で勤務し、一定の現場経験を積んだ後、特殊救難隊を志願し、選抜される必要があります。特殊救難隊では、体力だけではなく知力も求められるため、選抜試験で合格することはとても大変なことです。選抜されると、先ぱいの特殊救難隊員から半年間のきびしい訓練を受けますが、訓練期間中に辞めてしまう新人も少なくありません。半年後の試験に合格することでオレンジ色の制服、ベレー帽が支給され、正式な特殊救難隊の一員となります。

29

特殊救難隊の1日

　海難救助のスペシャリストである特殊救難隊は、全国各地で発生する海難事故に対応するために、隊長、副隊長、隊員4人の1隊6人（うち一人は救急救命士の資格をもっています）が羽田特殊救難基地ですぐに出動できる体制をとっています。

　出動にそなえ待機する任務は、朝9時30分から翌日の朝9時30分までの24時間勤務で、当直任務とよばれます。当直は1隊ごとに交代で行われ、当直、休日、訓練をくり返し行います。当直の1隊全員が出動した場合は、別の1隊が新たな海難事故にそなえ、当直任務に入ります。ここでは、当直任務についた特殊救難隊員の1日をしょうかいします。

09:30 点呼・引き継ぎ

特殊救難隊員の当直任務は、オレンジ色の制服とベレー帽を着用し、点呼と、前日の当直隊から連絡事項などの報告を受ける引き継ぎから始まります。点呼では、隊長が隊員の健康状態のチェックなどを行い、引き継ぎを終えた隊員は、ストレッチや準備体操などを行います。

10:00 訓練・トレーニング

いよいよ24時間の待機が始まります。待機といっても、ただ待つだけではありません。すぐに出動できる体制をとりながら、基地で訓練やトレーニングを行います。ガケの下などに転落した要救助者のつり上げ救助を想定した訓練では、建物の屋上にいる隊員たちが人力でロープを引っ張り、要救助者をつり上げます。

15:30 出動

特殊救難隊は飛行機やヘリコプターを使って全国各地の海難現場にかけつけ、人命救助を行います。大きな地震や水害などでも出動し、人命救助を行うこともあります。

02:00 夜間出動

当直任務中の特殊救難隊員は、夜も出動にそなえながら基地で仮眠をとります。海難事故は昼夜を問いません。特殊救難隊員を乗せたヘリコプターが夜間の捜索任務に出発しました。

第2章 海上保安官の仕事

横浜海上防災基地

横浜海上防災基地は、大規模な海上災害が発生した場合に、海上保安庁の防災活動の拠点になる施設で、1995（平成7）年に整備されました。基地には、荒れた海の状況を再現できる設備をそなえた潜水訓練用の水槽（プール）やレンジャー訓練（→p.33）用の施設などがあり、特殊救難隊が訓練に使用しています。また、全国の潜水士が訓練にやってきて、特殊救難隊から指導を受けることもあります。

11:00 デスクワーク

報告書をつくるなどのデスクワークも、重要な任務です。また特殊救難隊は、潜水や消火、レンジャーとよばれるロープを使った救助技術など、各隊員が専門とする分野をもっており、その勉強も欠かせません。

12:00 昼食

特殊救難隊の昼食では、手づくりのお弁当を食べる人、配達されたお弁当や出前を食べる人などさまざまです。いざ出動となると、長時間食事ができなくなることもあるので、栄養補給には気を使います。しかし、海難事故はいつ発生するかわかりません、食事を中断して出動することもあります。そのため出前で（時間がたつと伸びてしまう）めん類を注文する隊員は少ないそうです。

15:00 出動準備

海難事故が発生したとの連絡が特殊救難基地に入りました。出動にそなえ情報収集を開始します。現場の状況に合わせて、救助用の資材、機材を準備します。

13:00 訓練・トレーニング

特殊救難隊では、素早い救助を行うために、新しい救助用の資材、機材を開発したり、使用方法の研究を行っています。

31

海上保安官の仕事④
機動救難士

巡視艇への降下つり上げ訓練を行う機動救難士。状況に合わせてリペリング降下とホイスト降下を使い分けて、要救助者のもとにかけつけます。

海上を航行する船で発生した急病人やけが人、海上を漂流する遭難者などの要救助者を、ヘリコプターから救助することをヘリコプターレスキュー(HR)とよびます。機動救難士は、このHRのエキスパートで、ホイスト(→p.26)で降下する「ホイスト降下」と、ヘリコプターから下ろしたロープを使って自力で素早く降下する「リペリング降下」という技術をもっています。

また、機動救難士の約半数は、救急救命士の資格をもっており、船の上やヘリコプターの機内で、救急救命処置を行うことができます。このような任務から、機動救難士は海上保安庁の「空飛ぶ救急隊」ともよばれています。機動救難士は、全国9か所の海上保安庁の航空基地に各9人が配置され、24時間いつでも出動できる体制をとっています。

第2章　海上保安官の仕事

レンジャー訓練とよばれる、ロープを使った救助訓練を行う機動救難士たち。

機動救難士はヘリコプターに乗り、全国9か所の航空基地から海難事故や傷病者の待つ船に向かいます。

機動救難士になるには？

機動救難士になるためには、潜水士として巡視船艇で勤務し、一定の現場経験を積んだ後、機動救難士を志願し、選ばれる必要があります。各航空基地に配属され、先ぱいの機動救難士からきびしい訓練を受け、リペリング降下などの高度なテクニックを身につけ、半年後の試験に合格することで正式な機動救難士となります。また、「救急救命士」の資格をもつ機動救難士は病院などで実習を行って、救急救命処置技術の維持・向上を図っています。

ヘリコプターの機内で心臓マッサージを行う機動救難士。騒音や振動が大きく、せまい機内で救急救命処置を行うためには、日ごろからの訓練が欠かせません。

33

海上保安官の仕事⑤
機動防除隊

　機動防除隊は、海の上で起こる災害に対応するための専門部隊です。

　海難事故や地震などの自然災害によって、油や化学薬品などの有害な液体、危険物などが海に流れ出た場合には、流出した油などを取り除くなどし、生き物や海の環境への悪影響を最小限におさえます。また、船の火災などの海上火災が起こったときは、海上防災などに関する高度な知識や技術を活用して災害現場で指導や助言をし、船の持ち主や近くの自治体、漁師といった関係者の間の調整を行います。

　なお、有毒なガスが船内にもれ出しているような場合は、機動防除隊員は宇宙服のような「化学防護服」を着て、特殊な装備、資材、機材を使って、有毒ガスの検知作業や防除を行います。

第2章 海上保安官の仕事

空気呼吸器を装備し、巡視艇で有毒ガスの検知作業に向かう機動防除隊員。総合訓練でのひとコマ。

油処理剤空中散布装置をヘリコプターに取りつける訓練を行う機動防除隊員。

化学防護服を着用し完全防護でガス検知訓練を行う機動防除隊員。化学防護服は、有毒ガスが充満した環境などで使われます。

機動防除隊は、火災を起こしたタンカーの効果的な消火方法をアドバイスしたり、高度な知識や資材、機材を生かして海洋環境への影響を調査します。

沈没船から海に流れ出した油を回収する機動防除隊員。回収した油を分析して防除方法を検討します。

機動防除隊員になるには？

機動防除隊員になるためには、海上保安官として巡視船艇で勤務し、一定の現場経験を積んだ後に、機動防除基地へ配属される必要があります。配属後は、訓練や研修を通して海上防災に必要とされる知識や技術を身につけます。機動防除隊員には、油や危険物、条約や法律などの知識以外に、関係者の間の利害を調整する能力も求められます。

35

海上保安官の仕事⑥
運用管制官

　海上交通センターで働く運用管制官は、多くの船が行きかう海域（ふくそう海域）で、船の通り道である航路内の船の動きをレーダーやAIS（船舶自動識別装置）などを使って確認し、安全な航行に必要な情報を提供したり、巡視船艇と連けいして、航路をふさいでしまうような船への指導を行っています。また、全長200m以上の巨大船が航路に同時に入航しないようにしたり、船の間の距離が短くならないように、入航予定時刻を調整するなどの航行管制を行っています。

　運用管制官は、国際VHF無線電話や船舶無線を使って、航路から外れてしまいそうな船やスピードが出すぎている船に、勧告や警告を行います。また、霧などで視界不良となった航路での事故を防ぐために、航路外での待機を指示するなどの業務も行っています。

瀬戸内海の来島海峡に設置された来島海峡海上交通センター。建物の屋上には、潮流の方向やスピードを示す電光表示板が設置されています。

来島海峡海上交通センターの屋上に設置されたレーダー。このレーダーやAISなどを使って、海峡を通る船の動きを見守っています。

名古屋港　名古屋港海上交通センター
関門海峡　関門海峡海上交通センター
大阪湾　大阪湾海上交通センター
備讃瀬戸　備讃瀬戸海上交通センター
来島海峡　来島海峡海上交通センター

第2章 海上保安官の仕事

運用管制官になるには？

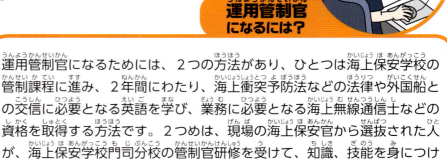
運用管制官になるためには、2つの方法があり、ひとつは海上保安学校の管制課程に進み、2年間にわたり、海上衝突予防法などの法律や外国船との交信に必要となる英語を学び、業務に必要となる海上無線通信士などの資格を取得する方法です。2つめは、現場の海上保安官から選抜された人が、海上保安学校門司分校の管制官研修を受けて、知識、技能を身につけた後、全国の海上交通センターに配属され、管制業務につきながら、国際標準に基づく運用管制官の資格を取得する方法です。

東京湾海上交通センターの運用室。ここでは、東京湾を航行する船と千葉、東京、横浜、川崎の各港に入出港する船に、情報提供や航行管制などを行っています。

東京湾　東京湾海上交通センター

伊勢湾　伊勢湾海上交通センター

ふくそう海域と海上交通センター

海上交通センターは、ふくそう海域である東京湾、伊勢湾、名古屋港、大阪湾、備讃瀬戸、来島海峡、関門海峡の7か所に設置されています。ふくそう海域は、石油を運ぶタンカーや、自動車運搬船などが多く航行する海域で、海運の大動脈です。ひとたびここで海難事故が起こると、日本の経済活動に大きな影響が出てしまいます。

東京湾海上交通センターの運用管制官は、東京湾に設置された8か所のレーダーやAIS、高性能のテレビカメラからの映像を活用して、船の動きを監視しています。

37

日ごろの訓練の成果を見せる！
海上保安庁観閲式&総合訓練

　「海上保安庁観閲式及び総合訓練」は、海上保安庁の開庁記念日である「海上保安の日（5月12日）」の記念行事の一環として行われます。

　「観閲式」では、海上保安庁の最高責任者である海上保安庁長官と、長官を指揮監督する国土交通大臣に対して、巡視船艇や航空機のパレードを行って、海上保安官が訓練の成果を披ろうします。

　また、警察、消防、自衛隊などの関係機関

観閲式

観閲船隊には、招待客や見学者が乗船し、観閲官とよばれる長官と大臣は観閲船に乗船します。観閲船隊に対してパレードを見せるのが、受閲船隊と受閲航空機隊です。受閲船隊は、ヘリコプターを2機搭載できる大型巡視船を先頭に、中型・小型巡視船、巡視艇などが一列に並びます。隊列を組んだ大小さまざまな巡視船艇が海の上ですれちがうためには、正確に船を動かす高い技術が必要となります。

第2章 海上保安官の仕事

や、アメリカ・コーストガード（沿岸警備隊）など外国の海上保安機関の船や航空機もパレードに参加します。「観閲式」と「総合訓練」は、ふだん見ることができない海上保安庁の巡視船艇や航空機、海上保安官の姿を、すぐそばで見学することができる貴重なイベントです。

観閲式には、新しくつくられたり、人命救助などで活やくするなど、話題となったりした巡視船艇や航空機などが、日本全国の管区から舞台となる東京湾羽田沖に集結します。2012（平成24）年6月に行われた「海上保安庁観閲式及び総合訓練」には、関係機関もふくめ船艇38隻と航空機18機が参加しました。

海上保安庁最大の巡視船「しきしま」を先頭に隊列を組む受閲船隊。巡視船の甲板に整列した海上保安官は、観閲官に向けて敬礼を行います。

総合訓練

「観閲式」のパレードに続いて行われる「総合訓練」では、たくさんの巡視船艇と航空機が参加して、本番さながらの訓練を観閲船隊の見学者に披ろうします。これまでにしょうかいしてきた特殊救難隊員や機動救難士、特別警備隊員、そして巡視船艇や航空機に乗りこんだ海上保安官が、訓練や実際の任務を通してみがいてきた、それぞれの専門的な技術を使って人命救助訓練や密輸容疑船捕捉訓練などを行います。

目の前でくり広げられる各種の訓練は迫力満点で、小中学生のころに、観閲式や総合訓練を見学し、その雄姿を見たことが海上保安官を目指すきっかけになったと話す現役の海上保安官も少なくありません。

放水展示訓練

世界最大級の消防能力をほこる消防船「ひりゅう」をはじめとして、消防機能が強化された巡視艇などが観閲船隊とすれちがいながら放水を行います。

ヘリコプター編隊飛行訓練

カラースモークを引きながら3機のヘリコプターが観閲船に向かってきます。複数の航空機が、近距離を保ちながら飛行するためには、高度な操縦技術が必要となります。

高速機動連けい訓練

速力35ノット(時速約64km)以上をほこる巡視船3隻が、高速で航行しながら、横一列から一斉に向きを変え、縦一列に編隊を組み直します。1隻も遅れることなく編隊を組み直すためには、高い連けい力が求められます。

第2章 海上保安官の仕事

人命救助訓練

特殊救難隊員がヘリコプターから海に飛びこんで、海上を漂流する要救助者のもとへ向かいます。上空のヘリコプターからホイスト(→p.26)を使ってつり上げ救助を行います。

巡視船艇の停船命令にしたがわず逃走を続ける密輸容疑船を、巡視船艇が追跡します。特別警備隊員が乗りこんだ複合型ゴムボートは、密輸容疑船の進路を規制し、追いつめます。逃走をあきらめた密輸容疑船に特別警備隊員が乗り移り、容疑者をつかまえます。

密輸容疑船捕捉、制圧訓練

41

海上保安官の服装と装備

さまざまなスタイルで海の安全を守る！

海上保安官の服装には、式典などで着る制服や、日常の勤務で着る制服のほかに、海難事故や海上での事件などに出動する際に着る出動服、海にもぐる際に着る潜水服などがあります。ここでは、場所やそれぞれの任務に合わせた服装と装備を紹介します。

特殊救難服

特殊救難隊員専用の出動服で、じょうぶで動きやすくつくられています。海難現場でも目立つオレンジ色です。

- **ヘルメット**
- **ゴーグル**
- **ワッペン** — 救命浮環をたずさえてリペリング降下（→p.32）するイルカがえがかれています。
- **救命胴衣** — リペリング降下でロープとすれる部分が補強されています。
- **M2スライダー** — 特殊救難隊員と機動救難士がリペリング降下で使用する特殊な降下器具です。

潜水服

ウェットスーツやドライスーツなどの種類があり、体温の低下や外傷から体を守ります。

- **ヘルメット**
- **シュ(ス)ノーケル**
- **ウェットスーツ**
- **空気ボンベ** — 圧縮された空気がつめられています。
- **レギュレーター** — これを口にくわえて息を吸いこむと、ボンベから空気が送りこまれます。
- **フィン** — 足につけて、水中で動きやすくする足ヒレ。
- **ナイフ** — 水中で障害となるロープなどを切ります。

第2章　海上保安官の仕事

警備出動服

海上での事件や警備任務用の出動服です。特別警備隊のほか、一般の海上保安官も着ます。

- **ヘルメット**
- **ワッペン** — 特別警備隊員は船名、一般の海上保安官は所属管区のイラストがえがかれています。
- **救命胴衣** — 胸には「海上保安庁」、背中には英語で海上保安庁という意味の「JAPAN COAST GUARD」と書かれています。
- **プロテクター**

防火服

火災船などの消火活動用に燃えにくい布でつくられた服で、炎の熱などから体を守ります。

- **ヘルメット**
- **面体** — 目、鼻、口をカバーするマスク。
- **空気呼吸器** — 背負った空気ボンベから面体にホースで空気を送ります。

式典用　第一種制服・第二種制服

式典などで着用する制服で、第一種が冬服で紺色、第二種（写真）が夏服でうすクリーム色です。女性は陸上ではスカートですが、海上ではズボンをはきます。

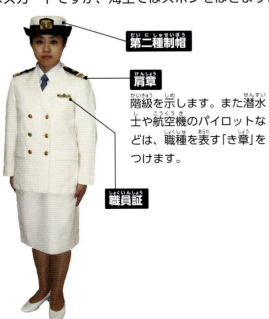

- **第二種制帽**
- **肩章** — 階級を示します。また潜水士や航空機のパイロットなどは、職種を表す「き章」をつけます。
- **職員証**

日常勤務　第三種制服・第四種制服

海上保安部署などの陸上での勤務と、巡視船艇で勤務する場合に着る制服で、動きやすくつくられています。第三種（写真）は冬服で、第四種が夏服です。

- **第三種制帽**
- **エンブレム** — 「JAPAN COAST GUARD」と表記されています。
- **胸章** — 階級を示します。

> 海上保安庁では、衣替えは全国一斉ではなく管区ごとに行われます。たとえば、第一管区（北海道）では冬服を着用する期間が長く、第十一管区（沖縄県）では、夏服を着用する期間が長くなっています。

なりたい！海上保安官

目指せ未来の海上保安官！

　海上保安官になるには、海上保安大学校か海上保安学校に入学して、海上保安官に必要な知識を学ぶ必要があります。

　海上保安大学校は、海上保安庁の幹部になる職員を養成する教育機関で、広島県呉市に設置されています。4年間の本科と、6か月間の専

海上保安学校の1日

　海上保安学校では、全国各地から集まった18〜24歳までの学生が、学校の教官や先ぱいの学生からきびしくも親身な指導を受けながら学んでいます。

06:30 起床　**07:25** 朝食　**08:20** 課業整列　→　**08:30** 課業（授業・訓練）

授業・訓練が始まる前に、学生は点呼を受けるために整列します。これを「課業整列」とよびます。

授業・訓練内容は、課程やコースによってことなりますが、基礎教養、英語、法律などは共通科目で全員が学びます。

体育や訓練を通して、強い精神力と体力を養います。年3回体力測定が行われるため、日ごろのトレーニングも欠かせません。

22:30 巡検・消灯

消灯前には、当直の学生が学校の敷地や寮の室内を点検して回る巡検が行われます。

これで、海上保安学校の1日が終わります。休日には、クラブ活動の対外試合やボランティア活動、地域交流活動などに参加します。勉強や寮での生活は大変ですが、多くの学生が「今までの人生の中で最も充実した期間だった」という感想を残して卒業していくそうです。

食後の楽しみは、入浴と自習時間です。自習時間は、先ぱいといっしょの自習室で行うため、先ぱいから授業内容へのアドバイスをもらうこともできます。先ぱい後はいが楽しく語らう時間でもあります。

第2章 海上保安官の仕事

攻科、3か月間の国際業務課程を通して、幹部に必要な知識やリーダーシップを身につけ、卒業後は初級幹部職員として、全国の巡視船艇などに配属されます。

海上保安学校は、海上保安庁の各分野の専門家となる職員を養成する教育機関で、京都府舞鶴市に設置されています。1年間または2年間のカリキュラムを通して海上保安官として必要な知識や専門科目を学びます。卒業後は、巡視船艇の乗組員などとして全国に配属されます。大学校、学校ともに全寮制で、団体生活を通してチームワークや責任感、規律などを身につけます。

12:05 昼食

12:50 課業（授業・訓練）

主計コースでは、巡視船艇などの調理や経費の管理を担当する海上保安官になるために、栄養学や食品衛生学、調理技術を学びます。

授業・訓練は、課程、コースごとに行われます。航海コースでは、船を動かすために必要な航法や、航海用の計器についての知識や操作方法などを学びます。

クラブ活動

授業・訓練が終わると、体育部の活動（クラブ活動）が始まります。体育部には、サッカーや野球などの身近な種目のほか、逮捕術部やヨット部など海上保安学校ならではの種目もあります。

19:00 自習

17:15 夕食 入浴

食事は、全学生が食堂に集合して一斉に食べ始めます。食べ盛りの学生にとって一番楽しいひとときです。食べ足りない学生は、売店で購入したお菓子を食べることもあります。

海上保安庁音楽隊

　海上保安庁音楽隊は、音楽演奏を通じて国民とふれあい、海上保安庁を広く知ってもらうとともに、海上保安庁職員の士気を高めることを目的に、1988（昭和63）年に発足しました。海上保安庁音楽隊は、主に楽器の演奏経験のある海上保安庁の職員たちで構成されており、海上保安庁の職員としての職務をこなしながら、練習や演奏活動を通して海上保安庁のPR活動を行っています。

　海上保安庁音楽隊は、「海上保安の日」祝賀会や海上保安庁観閲式、海上保安大学校や海上保安学校の卒業式などの式典で演奏するほかに、海の事故防止を啓発するサマーコンサートや定期演奏会などを開いています。興味のある人は、ぜひ演奏会を見学してみてください。

巡視船「やしま」をバックに、第三管区総合訓練の見学者に向けて演奏する海上保安庁音楽隊。

第3章 海上保安庁の乗り物大集合

世界最大級！
巡視船「しきしま」

　ヘリコプターを2機搭載できる巡視船「しきしま」は、全長約150m、幅約16.5m、総重量が約6500トンあり、海上保安庁最大で、世界でも最大級の巡視船です。

　1992（平成4）年、プルトニウム※の海上輸送に同行して、プルトニウムをねらうテロリストなどから輸送船を守るためにつくられました。この任務では、リスクをさけるために、途中で燃料補給などのために港に入らず、フランスから日本まで航海する必要があったため、2万海里（約3万7000km）という、とても長い距離を航行しました。

　現在は、その航続距離を生かして尖閣諸島周辺海域での領海警備、原子力発電所へのテロ対策、長距離のパトロールや海難救助などで活やくしています。

35mm連装機関砲

巡視船「しきしま」には、35mm連装機関砲と20mm多銃身機関砲という2種類の機関砲が搭載されています。

※プルトニウム：原子力発電所で使用する燃料の材料になります。原子爆弾の材料にもなるため、国際テロ組織などに輸送船がおそわれる可能性がありました。

第3章 海上保安庁の乗り物大集合

対空レーダー
上空から接近してくる飛行機やヘリコプターをいち早く発見するため、高性能の対空レーダーをそなえています。

ヘリコプター格納庫
海上保安庁最大のヘリコプター「スーパーピューマ」を2機搭載しています。ヘリコプターと連けいすることで、さらに広い範囲の捜索や監視を行うことができます。

警備艇
2隻搭載する小型の警備艇は機動性にすぐれており、警備任務での進路規制や、漂流者の救助などの救難任務に使われます。

大きなものから小さなものまで
巡視船艇大集合！

　海上保安庁の警備救難業務には、海上の治安を維持したり海上交通の安全を確保したりするための、「海の警察」としての任務と、海上での災害を防止するなどの「海の消防」としての任務、海洋汚染を監視し取り締まるなどの「青い海を守る」任務があります。こうした任務を行う船のうち、大型のものが「巡視船」、小型のものを「巡視艇」、その２つを合わせて「巡視船艇」とよびます。

　全国各地の海上保安部署に配備された巡視船艇は、さまざまな機能や特徴をもっており、船の機能や大きさなどを表す記号がつけられています。

　ここでは、ヘリコプターを搭載する大型巡視船「PLH」、大型巡視船「PL」、中型巡視船「PM」、小型巡視船「PS」、巡視艇「PC」と「CL」の記号がつけられた巡視船艇を紹介します。

PLH ヘリコプター２機搭載型巡視船

日本から1200海里（約2220km）先の北太平洋上でも、十分な捜索救助を行うために、巡視船「やしま」がつくられました。全長約130m、航続距離は8500海里（約１万5740km）あります。ヘリコプターと連けいし、遠距離海域でのパトロールを行っています。

第3章 海上保安庁の乗り物大集合

PLH ヘリコプター1機搭載型巡視船

巡視船「おおすみ」は、ヘリコプターを1機搭載した全長約105mの大型巡視船で、合わせて10隻の同型船が、北の第一管区から南の第十一管区まで配備されており、各管区を代表する大型巡視船です。

PL 大型巡視船（2000トン型）

巡視船「ひだ」は、ヘリコプター甲板付高速高機能型巡視船ともよばれ、全長約95m、速力は30ノット（時速約55km）以上をほこります。

PL 大型巡視船（1000トン型）

巡視船「いけま」は、尖閣諸島周辺海域での領海警備強化のためにつくられた、全長約96mの大型巡視船で「尖閣領海警備専従船」ともよばれます。高性能なセンサーである遠隔監視採証装置を生かして領海警備の任務についています。

PM 中型巡視船（500トン型）

巡視船「いしかり」は、救難任務、警備任務を問わず、さまざまな任務をこなすことができる全長約72mの中型巡視船で、2017（平成29）年に第一管区に配備されました。

PM 中型巡視船（350トン型）

巡視船「おきつ」は、密入国や密漁の取り締まり、人命救助などに、そのすぐれた速力と操縦性能、夜間監視能力を発揮しています。

PS 小型巡視船（180トン型）

巡視船「しもじ」は、「規制能力強化型巡視船」とよばれる全長約43mの小型巡視船です。尖閣諸島周辺海域を航行する外国漁船に対応するため、宮古島海上保安部に配備されました。

PS 小型巡視船（高速特殊警備船）

巡視船「ほたか」は全長約50m、不審船対応能力が強化された「高速特殊警備船」で、速力は40ノット（時速約74km）以上で、巡視船では最速です。

PC 巡視艇

巡視艇「なち」は、４本の放水銃を装備しており、消防機能強化型巡視艇とよばれる全長約37mの巡視艇です。通常は、ほかの巡視艇と同じように警備救難業務についています。

第3章　海上保安庁の乗り物大集合

CL 巡視艇

巡視艇「ゆきつばき」は全長約20mです。港やその周辺海域などで、航行安全指導や人命救助などの警備救難業務についていて、同型艇160隻以上が全国で活やくしています。

練習船「こじま」

巡視船「こじま」は、海上保安庁の幹部職員を養成する海上保安大学校の「練習船」としての役割をになっています。海上保安大学校では、4年6か月の教育期間中、合計1年間の乗船実習の中で、日本一周の「国内航海実習」、世界一周の「遠洋航海実習」などを行います。

目的・用途はさまざま
消防船・そのほかの船大集合！

　巡視船「ひりゅう」は世界最大級の消防能力をもっており、大型の消防船を意味する英語の「Fire Fighting Boat Large」を略して、FLや消防船とよばれています。合計7本の遠隔操縦可能な遠隔放水銃（→p.25）の総放水量は、毎分4万6000Lあります。これは、一般的な25mプールを約1分でいっぱいにすることができる放水量です。

巡視船「ひりゅう」

船橋に設置された旋回式可変ピッチプロペラの操舵装置。ほかの巡視船艇とはちがい特殊な形をしています。

上部船橋甲板に設置された遠隔放水銃は、「ひりゅう」がもつ放水銃の中で一番強力。放水量は毎分約2万Lあります。

一点集中放水。7本の放水銃から1か所に向けて放水が集中しているようすがわかります。

第3章 海上保安庁の乗り物大集合

海上保安庁の巡視船では唯一の双胴船※で、旋回式可変ピッチプロペラとよばれる特殊な推進機を装備しており、低速時でも高い操縦性能をほこります。2011（平成23）年の東日本大震災では、千葉県市原市で発生したコンビナート火災に出動し、冷却放水を行いました。

そのほか、測量船や練習船など、用途に応じてさまざまな船が活やくしています。

※双胴船：船体を2つならべて、甲板で結んで一体とした船のこと。

放水塔は、高さ約27mまで伸ばすことができ、20万トン以上の大型タンカーの火災にも対応できます。

測量船「昭洋」

測量船「昭洋」は、海上保安庁最大の多目的測量船です。複合測位装置、マルチビーム測深機、深海用音波探査装置など、海底の地形や地質などを調査するための装置を搭載しています。また、無人調査艇「マンボウ」を搭載しており、沿岸部の測量や、海底火山の噴火調査なども行えます。

放射能調査艇「きぬがさ」

アメリカの原子力艦船が入港する横須賀や佐世保、沖縄に配備された放射能調査艇は、原子力艦船の入出港時や停泊時などに空気中や海中などの放射線を測定して、環境への影響を調査しています。放射能調査艇には、そのほか「さいかい」「かつれん」の2隻があります。

灯台見回り船「げんうん」

安全な航海のためには、岬や港などの存在を船に知らせる「灯台」や、浅瀬や岩礁などを示す「灯標」、障害物や航路などを示す「灯浮標」などの「航路標識」が必要不可欠です。この航路標識の維持管理を行って、安全な海上交通を支えているのが「灯台見回り船」です。

55

空から海の安全を守る
ヘリコプター大集合！

　海上保安庁のヘリコプターは「回転翼航空機」ともよばれ、48機（2017年4月現在）が活やくしています。このうち30機が陸上の海上保安航空基地や航空基地に配備されている機体で、海上の事件・事故を防ぐために、上空からパトロールを行い、地上や海上からでは発見しにくい、油などを不法排出する船舶の発見にも力を発揮しています。海難事故が発生した場合には、特殊救難隊や機動救難士とともに現場に向かい、素早く人命救助を行います。

　あとの18機は、ヘリコプター搭載型巡視船が搭載しているヘリコプターで、同じようにパトロールや人命救助をしています。ヘリコプターと巡視船を連けいさせて使うことで、効率的に広い場所の捜索や監視ができ、海難事故にも素早く対応できます。

スーパーピューマ332

巡視船「しきしま」の搭載用として1992（平成4）年に導入された機体で、気象レーダーや、赤外線捜索監視装置などを装備しています。

スーパーピューマ225

スーパーピューマ332の発展型で、速力や積載量が向上しています。海上保安庁最大のヘリコプターです。

第3章　海上保安庁の乗り物大集合

アグスタ139

海上保安庁のヘリコプターの中で最多の18機が導入され、陸上の航空基地と海上保安航空基地の合計9か所に配備されています。

シコルスキー76D

ヘリコプター1機搭載型巡視船の搭載機として9機が配備され、2機が函館航空基地に配備されています。

ベル412

ヘリコプター2機搭載型巡視船「みずほ」「やしま」に搭載されているヘリコプターです。また、1機が広島航空基地で活やくしています。

57

飛行機大集合！

海の事件・事故に空からスピード対応

海上保安庁の飛行機は、大型のジェット機が4機、中型のプロペラ機が22機配備されていて、その特徴を生かしてさまざまな任務についています。飛行機は、航続距離が長いため、とても広い範囲の海をパトロールすることができます。

海難事故や行方不明者への対応では、スピードを生かして、いち早く現場へ急行し捜索や情報収集を開始します。そして、救助にかけつけるヘリコプターや巡視船に、救助が必要な人の正確な位置を知らせて、連けいして素早く救助を行います。また、夜間の救助では照明弾を投下するなどして救助活動をサポートします。

ガルフⅤ（ファイブ）

海上保安庁最大のジェット機で、東京〜ニューヨーク間の距離よりも長い6500海里（約1万2000km）もの距離を一気に飛べます。長距離のパトロールや、国際協力など外国の海上保安機関との連けいを強化する活動を実施しています。

ファルコン900

1989（平成元）年に導入された海上保安庁初のジェット機です。1200海里（約2220km）先の海域でも、捜索活動を行える性能をもっています。

第3章　海上保安庁の乗り物大集合

ボンバル300
全周捜索レーダーや赤外線捜索監視装置などを搭載したプロペラ機で、昼夜を問わず捜索や監視任務につくことができます。

サーブ340
鹿児島航空基地などに配備されたプロペラ機で、捜索用レーダーなどをそなえています。積載力もあり、人や資材・機材の輸送なども行えます。

ビーチ350

5か所の航空基地に9機が配備されており、航空レーザー測深機を搭載した機体では、浅い海の水深データを効率よく集めることができます。

59

海上保安資料館に行ってみよう！

　2001（平成13）年12月、九州南西海域工作船事件が発生しました。この事件では、北朝鮮の工作船が、海上保安庁巡視船「あまみ」の停船命令にしたがわず、逃走を続けました。巡視船は工作船の船体に向け、射撃を行い停船させましたが、工作船側は自動小銃やロケットランチャーなどで巡視船に攻撃、この攻撃によって海上保安官3人が負傷しました。その後、工作船は拿捕※されないように自分で爆発して沈没しました。

　海上保安庁ではこの工作船を引き揚げ、工作船本体、対空砲火器、小型艇、そのほかの回収物を横浜海上防災基地に隣接する海上保安資料館横浜館に展示しています。大きく被弾した巡視船「あまみ」の船橋部分は、広島県呉市の海上保安大学校内にある海上保安資料館に展示しています。

※拿捕：外国の船などをつかまえて支配下に置くこと。

資料館に展示されている工作船本体。

【場所】
横浜海上防災基地
（神奈川県横浜市中区新港1－2－1・赤レンガパーク隣）

【公開時間】
午前10時～午後5時
（閉館30分前に受付終了）

【休館日】　毎週月曜日

【見学料】　無料

おわりに

　海上保安庁は、海の警察・消防として第二次世界大戦後の1948年につくられました。それから70年間、日本国民が日ごろふれることのできない海の上で、時には命がけで、安全と安心を守ってきました。

　日本と外国は、陸ではなく海でつながっています。海は人や物が、日本の港と港との間で、あるいは日本の港と外国の港との間で行き来する場所です。さらに、日本のまわりの海では魚などの水産物が採れ、将来は海底資源も採掘されることが期待されています。また、海はみなさんが海水浴、ボート遊び、釣りなどで遊ぶ場でもあります。

　このように、わたしたちがいろいろな恩恵を受けている海を、安全で安心なものにすることが海上保安庁の任務です。

　世界第6位の広さをほこる日本の海で、海上保安庁の巡視船、巡視艇、測量船や航空機と専門的な知識・技能をもった海上保安官が、日々働いています。

　本書によって、そのような海上保安庁、海上保安官の仕事のようすと重要性について理解が進むことを願っています。

公益財団法人 海上保安協会

さくいん

あ

アグスタ139 ……………………………… 57

あまみ ……………………………… 14, 60

アメリカ・コーストガード（沿岸警備隊）
……………………………… 8, 39

暗黒の海 ……………………………… 8, 9

いけま ……………………………… 51

いしかり ……………………………… 51

いず ……………………………… 16, 39

いすず ……………………………… 16

伊勢志摩サミット ……………………………… 25

海の機動隊 ……………………………… 24

海の警察（官） ……………………………… 22, 50

海の再生プロジェクト ……………………………… 18

海の消防 ……………………………… 15, 50

運用管制官 ……………………………… 36, 37

えちご ……………………………… 39

遠隔放水銃 ……………………………… 25, 54

おおすみ ……………………………… 51

おきつ ……………………………… 52

か

海上交通センター ……………………………… 17, 36, 37

海上保安学校 ……………………………… 25, 37, 44-46

海上保安資料館 ……………………………… 60

海上保安大学校 ……………………………… 25, 44-46, 53, 60

海上保安庁音楽隊 ……………………………… 46

海上保安庁法 ……………………………… 8

海上保安の日 ……………………………… 8, 38, 46

回転翼航空機 ……………………………… 56

化学防護服 ……………………………… 34, 35

加工貿易 ……………………………… 14

かつれん ……………………………… 55

ガルフV ……………………………… 58

観閲式 ……………………………… 38, 39, 40, 46

機関室 ……………………………… 23

機動救難士 ……………………………… 15, 32, 33, 40, 42, 56

機動防除隊 ……………………………… 34, 35

きぬがさ ……………………………… 55

九州南西海域工作船事件 ……………………………… 14, 60

機雷 ……………………………… 8-10

くりこま ……………………………… 16, 26

栗橋 ……………………………… 10

警備実施等強化巡視船 ……………………………… 24, 25

警備出動服 ……………………………… 43

げんうん ……………………………… 55

高速特殊警備船 ……………………………… 11, 52

航路標識 ……………………………… 17, 55

国際緊急援助隊 ……………………………… 15

国連海洋法条約 ……………………………… 6, 11

こじま ……………………………… 53

ごんどう ……………………………… 19

さ

サーブ340 ……………………………… 59

さいかい ……………………………… 55

しきしま ……………………………… 39, 48, 56

事故災害 ……………………………… 16

シコルスキー76D ……………………………… 57

自然災害 ……………………………… 9, 12, 16, 34

しもじ ……………………………… 52

受閲航空機隊 ……………………………… 38

受閲船隊 ……………………………… 38, 39

巡視船 ……………………………… 9-16, 20, 22, 23, 38-40, 46, 48, 50-57

巡視船艇 ……………………………… 11, 14, 26, 29, 33, 35, 36, 38-41, 43, 45, 50, 54

巡視艇 ……………………………… 12, 15, 17, 32, 35, 38, 40, 50, 52, 53

消防船 ……………………………… 9, 40, 54

昭洋 ……………………………… 19, 55

「しれとこ」型 ……………………………… 11

スーパーピューマ ……………………………… 49

スーパーピューマ225 ……………………………… 56

スーパーピューマ332 ……………………………… 56

すずか ……………………………… 11, 24

赤外線捜索監視装置 …………… 24, 56, 59
接続水域 ………………………………… 7
尖閣諸島 ……… 6, 7, 9, 11, 13, 48, 51, 52
船橋 …………………………………… 22
潜水士 …………… 15, 16, 26, 27, 29, 33
潜水服 ………………………………… 42
総合訓練 ………… 35, 38, 39, 40, 46
双胴船 ………………………………… 55
そうや ……………………… 20, 22, 39
測量船 ……………………………… 19, 55
空飛ぶ救急隊 ………………………… 32

た

大陸棚 …………………………………… 9
竹島 ………………………………… 6, 7
調理室 ………………………………… 22
通信室 ………………………………… 22
対馬 …………………………………… 12
停船命令等表示装置 ………………… 24
搭載艇 ………………………………… 24
灯標 …………………………………… 55
灯浮標 ………………………………… 55
特殊海難 ……………………………… 28
特殊救難隊 …………… 9, 15, 28, 29, 30, 31,
　　　　　　　　　40-42, 56
特殊救難服 …………………………… 42
特定海域 ……………………………… 17
特別警備隊 ……………… 24, 40, 41, 43

な

なち …………………………………… 52
能登半島沖不審船事件 ……………… 11

は

排他的経済水域 ……………… 6, 7, 9, 11
ビーチ350 …………………………… 59
東アジア ………………………… 6, 13
ひだ …………………………………… 51

ひりゅう ………………………… 40, 54
ファルコン900 ……………………… 58
ふくそう海域 ………………… 17, 36, 37
船飯 …………………………………… 20
プルトニウム ………………… 11, 48
ヘリコプター甲板 ………… 15, 23, 24, 51
ヘリコプターレスキュー（HR）…………… 32
ベル412 ……………………………… 57
ホイスト …………………… 26, 32, 41
ホイスト降下 ………………………… 32
防火服 ………………………………… 43
ほたか ………………………………… 52
北方領土 ………………………………… 7
ボンバル300 ………………………… 59

ま

ミールス大佐 …………………………… 8
みずほ ………………………………… 57

や

やしま ……………… 39, 46, 50, 57
ゆきつばき …………………………… 53
要救助者 ……… 15, 26, 27, 29, 30, 32, 41

ら

リペリング降下 ……………… 32, 33, 42
領海 ………… 6, 7, 9, 11, 13, 17, 48, 51
領土問題 ………………………………… 6
練習船 ……………………… 10, 53, 55

英字・数字

118番 ………………………………… 11
ＯＩＣ区画 …………………………… 23
ＳＡＲ条約 …………………………… 11

63

監修者 ●	公益財団法人 海上保安協会

海上の安全および治安の確保を図る海上保安活動に関し、その普及啓発、海上
防犯・安全の確保・環境の保全、調査研究などの事業を行うことにより、安全
で安心な社会の実現に寄与し、あわせて海上保安活動に関係する者の福祉を増
進することを目的とした事業を行っている。昭和24年設立。

文・写真 ● 岩尾克治（アートファイブ）
官野　貴（アートファイブ）

イラスト ● 佐藤雅則

デザイン・DTP ● ジーグレイプ株式会社

参考文献ほか ● 『海上保安庁30年史』（海上保安協会）
『海上保安レポート』（海上保安庁）
『海上保安新聞』（海上保安協会）
『海上保安庁船艇・航空機ガイド2017』（シーズ・プランニング）
『ジェイ・シップス:艦艇をおもしろくする海のバラエティー・マガジン』
（イカロス出版）
海上保安庁ホームページ　http://www.kaiho.mlit.go.jp/

よくわかる海上保安庁
しくみは？　どんな仕事をしているの？

2018年8月17日　第1版第1刷発行

監修者　公益財団法人 海上保安協会
発行者　瀬津　要
発行所　株式会社PHP研究所
　　　　東京本部　〒135-8137　江東区豊洲5-6-52
　　　　　　児童書出版部　☎03-3520-9635（編集）
　　　　　　児童書普及部　☎03-3520-9634（販売）
　　　　京都本部　〒601-8411　京都市南区西九条北ノ内町11
　　　　PHP INTERFACE　https://www.php.co.jp/
印刷所　共同印刷株式会社
製本所　東京美術紙工協業組合
©PHP Institute, Inc. 2018 Printed in Japan　　　　　ISBN978-4-569-78773-2
※本書の無断複製（コピー・スキャン・デジタル化等）は著作権法で認められた場合を除き、禁じられています。
また、本書を代行業者等に依頼してスキャンやデジタル化することは、いかなる場合でも認められておりません。
※落丁・乱丁本の場合は弊社制作管理部（☎03-3520-9626）へご連絡下さい。送料弊社負担にてお取り替
えいたします。
63P 29cm NDC317